仕事がスイスイ片づく!

教師のためのシンプル時間術

佐藤正寿［著］

学陽書房

●はじめに

「これは自分が勤めていた会社の比ではない。仕事のしかたを変えなくては」…初任の４月に痛感したことです。

わずか１年だけでしたが、私の社会人としてのスタートは会社勤めからでした。その後教員になり、最初に見た学校での皆さんの仕事ぶりを会社勤めの時と比較し、正直「ずいぶんと効率が悪いな…」と感じました。

しかし、それも初任の最初の１週間だけ。いざ授業や学級経営が本格化すると、担任としての仕事の忙しさに驚きました。朝の職員打ち合わせ、朝の会、そして授業。授業の合間も次の授業の準備だけではなく、「お腹が痛いです」といった子どもへの対応も必要です。休み時間は教員の休憩時間になっていますが、打ち合わせをしたり子どもたちと遊んだりと、休むことはありません。放課後に会議や研究会がある日は、翌日の授業準備を５時過ぎからしかできません。自然と毎日が寝不足の日々になってしまいました。

「自分の仕事のやり方をすぐにでも変えなくては…」と自覚しました。そして改めて先生方の仕事ぶりに目を向けると、各自で工夫している点がどんどんと見えてきました。その先生方に学びながら、初任校では自分なりの仕事術を少しずつ身に付けていきました。

それでも20代の頃はゆとりがありました。しかし、結婚し子育て時期になると、「時間」が実に貴重なものになってきます。共稼ぎで、私も積極的に育児に関わっていましたから、家庭での時間はあてになりませんでした。「学校の仕事は学校でできるだけ終えるようにしよう」と、今度は「時間術」に注目するようになりました。

その頃から20年。現在、教員の職場はますます多忙化し、すべきことが増えています。学校評価や組織マネジメントの導入、保護者の要望や特別支援が必要な子への対応、総合的な学習・外国語活動・キャリア教育等の新しい教育への取り組み等々。これらは時代の要請であり、おろそかにできないものばかりです。

このような時代で、私たち教員にとって時間術を身に付けることは不可欠です。効率化ができることは簡単に済ませる。同僚の知恵から学べることをどんどん生かしていく。それらで浮いた時間を「子どもと向き合う時間」や「充実した授業を準備する時間」として使う。時には子どもたちに元気よく接するための鋭気を養う時間にする…そのような考えがこれからは必要です。

本書は私自身が試行錯誤して時間術に取り組む中で、効果があったものを記したものです。「1日をより良く過ごすための時間術」「授業づくりのための時間術」「ピンチをチャンスに変える時間術」「教員生活を充実させる時間術」と広い観点からまとめました。自分なりに得た学びをこれからの後輩たちに伝えたい…それが今の自分の使命であり、本書もその思いを具現化させたものの１つです。

本書の執筆にあたっては、編集担当の上島悠花さんに大変お世話になりました。上島さんの企画で私自身の時間術を振り返ることができました。また、すてきなイラストを描いてくださったあきんこさんにも感謝いたします。ありがとうございました。

2013年1月

佐藤 正寿

仕事がスイスイ片づく！

教師のためのシンプル時間術

★目次★

第1章 実践! 教師のためのシンプル時間術

第2章 テキパキ! 授業をつくるための時間術

第3章 ピンチをチャンスにする時間術

第4章 時間術でより良い教師生活を送るために

第1章

実践！ 教師のためのシンプル時間術

1 朝からエンジン全開になる方法

出勤してから、毎日変わらぬ行動が決まった時間にできていますか。ルーティンワークはエンジンをかけるために不可欠です。

●毎日の同じ行動がリズムをつくる

通学する子どもたちと挨拶を交わしながら学校へ。
→職員室で大きな声で挨拶。
→出勤印をつき、行事黒板で日程を確認。
→机上のメモを確認。簡単にメールチェック。（ここまで10分）
→教室へ行き子どもたちと談笑。心配な子に対応。
→連絡帳やノートチェック等でできる仕事をする。（さらに10分）
→職員室に戻り学年の先生方と打ち合わせ。
→時間があったら軽く事務仕事。
→やがて職員朝会の開始。（再度10分。合計30分）

これが担任時の始業前の私の毎日の行動です。習慣化していますから、毎日心地よいリズムで１日が始まります。

●始業からエンジンを全開する

このルーティンワーク（決まり切った仕事）は実に重要です。始業前に行うことで、１日を走り出すリズムをつくりだします。改めて教室に行くころにはエンジン全開。気持ちの良い始まりを毎日迎えることができるのです。

自分なりのルーティンワークを決めよう

①出勤したら毎日決まった行動を

出勤印をつく　行事とメモを確認　教室で子どもたちと談笑

②余裕のある出勤で心配な子に対応

子どもたちも教師のリズムを知っているから話せる

★ここがポイント!★

ルーティンワークを行うためには「余裕のある出勤」が前提です。ぎりぎりだとアイドリング不足のまま教室に向かうことになります。それが難しい場合には移動時点からリズムをつくるようにします。「教室に入ったら元気に挨拶」というように行動を考えておきます。

2 仕事の「見える化」で効率アップ!

すべき仕事を書いたリスト。それを持ち歩くだけで、「その日の仕事の進行状況の見える化」が進みます。

●前日のうちに翌日の仕事をリストアップ

前日のうちに翌日すべきことをリストアップしましょう。毎日の仕事は前日の仕事の続き。何が残っているかはっきりしている前日の方がリストアップするには都合がいいです。「放送委員会連絡」「総合のアンケート作成」というように簡単でいいです。翌朝、リストを見て改めて確認します。さらに職員打ち合わせで加わることでしょう。

●リストを持ち歩き何度も見る

リストアップを書くものは自分が一番使いやすいものがいいです。付箋紙でもノートでも構いません。私は名刺の２倍位の大きさの画用紙に書いています。大事なのはそれらを持ち歩くことです。１日に何度もそれらを見て、進行状況を確かめます。私は廊下で見ることが一番多いです。

●終わった仕事は消していく

終えた仕事は横棒で消していきます。同時に終わっていないものを確認します。すべきことがどんどん横棒で消されていくのは、気持ちが良いものです。

仕事リストを持ち歩くことで変わる

①「リストアップ＋持ち歩き」が大事

②時々見ることで進行状況を把握

★ここがポイント！★

仕事を書き、何度も見て、終わったら消す。やっていることはこれだけです。しかし、このように「見える化」する習慣が、多くのことを同時進行的に行うコツです。持ち歩くことで「これを先に」と予定変更もでき、「まだまだ。がんばろう」とモチベーションも高まります。

3 すきま時間こそ仕事がサクサク進む！

すきま時間の大事さは誰でも知っています。ただ、何の仕事をするかがポイント。細切れでできる「軽い仕事」がお勧めです。

●すきま時間でもどんどんと仕事できることが重要

教師にとって、空き時間でもない限り、子どもたちが登校してから帰るまで、授業や指導時間以外はすきま時間しかありません。授業の合間の５分間休み、休み時間、給食時間等です。本当に細切れです。でも、この時間にどんどん仕事ができるかどうかが大事です。ポイントは「軽い仕事」をすることです。ノートチェック、テスト採点、回覧物チェック、電話連絡など、細切れでも大丈夫な仕事を充てます。

●途中まででもいいから行う

軽い仕事でも途中で入ってくるものがあります。たとえば、避難訓練後のアンケートです。こういうものは「あとで書こう」と思わずにすぐに取り組むことです。すきま時間を何度か使えばできます。後回しにすると、放課後のまとまった時間にしなければいけなくなります。

●「軽い仕事」の種類を増やす

「軽い仕事」は人によって違いますが、スキルアップして種類を増やすことが大事です。慣れれば「学級通信」もすきま時間でできます。

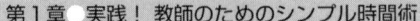

すきま時間でもこんなにできる

①細切れでも大丈夫な仕事を充てる

②慣れれば学級通信もできる

★ここがポイント！★

「軽い仕事」をすきま時間で完了させるのは放課後のまとまった時間に「重い仕事」をするためです。ただ、すきま時間でも「子ども第一」は変わりません。子ども対応より、軽い仕事を優先させてしまうのなら、本末転倒です。

4 「重い仕事」は完了時間を決める

月に何度か、時間がかかる「重い仕事」があります。「学校ではできない」と諦めていませんか。

●作業時間が決まれば気持ちも楽になる

学習指導案作成、出張レポート作成、通知表作業等、一定の時間をかけなければいけない仕事があります。考えただけで気持ちも重くなりがちです。この場合には、完了時間を決めてしまいましょう。学習指導案作成なら「１ページ２時間、４ページ合計８時間」というようにです。見通しがつけば気持ちも楽になります。

●「自己締切日」と「間を置くこと」が大事

重い仕事であれば、取り組む期間には余裕があるはずです。締切より数日前を「自己締切日」と設定しましょう。それまで予定時間内でまずは仕上げることが大事です。そしていったん間を置きます。そのあと見直してみると、修正点が見つかるものです。ブラッシュアップして、仕上げていきます。

●書くための資料を準備しておく

決められた時間で書くためには、書くために必要な資料が整っていることが前提です。早めに準備し読んでおきます。

学習指導案作成の場合

①スケジュールをもとに完了時間を決める

②資料準備ができていることが前提

★ここがポイント!★

「重い仕事」の時間を確保するためには、「軽い仕事」をすきま時間に終わらせてしまうことが前提です。あらかじめスケジュールを確認し、「来週は月・水・金で5時間確保」と予定を入れましょう。予定に入れると不思議とそのように行動できます。

5 未完の仕事を絶対に忘れないコツ

今やパソコンは教員の仕事に欠かせないツールとなりました。私はデスクトップに未完のファイルを貼りだしています。

●仕事の「見える化」をデスクトップで

今取り組んでいる仕事のファイルを、デスクトップ（起動した時の画面）に貼りつけておきましょう。パソコンを見るたびに「そうだ、報告文書を作成しなくては」「そろそろ研究レポートに取り掛からないと」と意識するようになります。いわば、自分の仕事の「見える化」をデスクトップ上で行うのです。

●達成度が目に見える

仕事が終わったら、分類化してフォルダに移します。デスクトップ上のファイルが減れば減るほど仕事が片づいていることになります。達成度が目に見えます。自然と今度は「未完了ファイル」が目に入ります。これはこれで「未完の仕事の意識化」につながります。

●閃きを逃さない

デスクトップに置いていることは、ファイルを開きやすいということです。ちょっとした閃きをパッとファイルに入力できます。付箋紙に書いたメモの入力時間も短くできます。

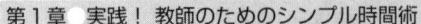

未完了ファイルはデスクトップに

①未完了ファイルを見ながら意識化する

②デスクトップを整理したうえで…

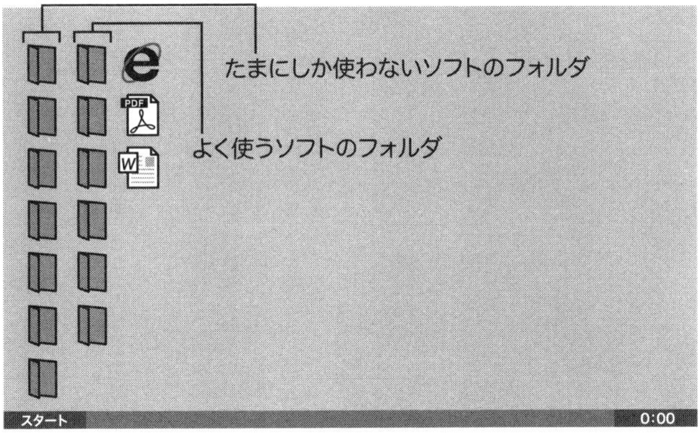

★ここがポイント!★

デスクトップに貼りつけておくといっても、デスクトップ上のかなりの面積を占めるのであれば、探しにくくなります。すでに貼りつけてあるもので、あまり使わないものを整理することも大事です。もちろん未完了ファイルがないのが理想ですが。

6 保護者会・会議の準備もシンプル化

「来週の保護者会。資料を準備しないと…」と焦る必要はありません。
「シンプルな資料＋写真」でも効果は大きいものです。

●「伝えたいエピソードに関わる写真」を準備する

「保護者会では、家の人が『来てよかった』と思えるような話をしたい」と誰しも思うことでしょう。そのような時に効果的なのが写真です。たとえば、「掃除を子どもたちが一生懸命にしている」というエピソードで便器を磨く子どもの写真を示します。保護者は「なるほど」と理解します。画面に大写しするだけなので準備も簡単です。

●個別面談では「簡単アンケート」を生かす

個別面談をする前に、子どもたちに簡単なアンケートをとってみます。「１学期にがんばったこと」「自分が伸びたと思うところ」「２学期がんばりたいこと」を書かせます。内容によっては、教師自身が話すことを補強する資料として活用できます。

●学級の様子を動画をもとに話す

研究会や学年会で、指導法が話題になることがあります。そのような時にも、デジタル・カメラで撮影した写真や動画が大活躍します。気軽にどんどんと使っていきましょう。

写真や動画があればシンプルな準備が可能

①保護者会で写真をもとに解説

②会議で動画を見せる

★ここがポイント!★

写真を準備するとなれば、保護者会資料・研究会資料はシンプルな形でも構いません。キーワードを入れただけのものでも、写真で補うことができるのです。

7 「その場主義」のノート点検は児童との触れ合いタイム

授業の最後や直後にノート点検を「その場」でしましょう。効率的なだけではなく、児童との触れ合いも深まります。

●「その場主義」が効果のあるノート点検

その日の授業のノートを見るという場合、「その場」で「すぐ」に見るのが一番です。授業の最後にまとめや感想を書かせ、できた子たちから持ってこさせ、次々に見ていきます。１人４秒ほどで見ると５分以内に全員分を点検することができます。ノート返却の手間も省けます。

●点検と同時に一言を

子どもたちのノートには、ハンコを押したり、丸をつけたりします。その時に一言「いいね！」「よし！」「がんばったね！」「すごい、すごい！」と声をかけましょう。授業中に発言がなかった子には、「この考え、すばらしいね！　よく考えた証拠！」と少し長めに声をかけます。ノート点検という短い時間でも児童と触れ合うことができます。

●「見られる」と児童の意識も変わる

「最後に点検」ということがわかると児童も「しっかり書かないと」という意識になります。また、点検時に「今日は難しかった」とつぶやくこともあります。教師が耳を傾ける大事な時間にもなります。

その場でノート点検をするメリットはたくさん

①ノート返却の手間が省ける

②児童と触れ合える

★ここがポイント！★

このようなノート点検は、あくまでも「パッと見ることができるノート」の場合です。「今日はまとめに絞ってみよう」というように観点を決めることが大事です。なお、作文やじっくりと評価したいノートの場合には、集めて別の時間に点検します。

8 いつでもどこでも子どもの良さをメモ

1日中、子どもたちと接したのに時間がなくて記録が何も残っていない…そんな悩みは付箋紙を持ち歩くことで解決します。

●付箋紙を常に準備する

子どもたちの様子を記録する必要性は誰しも知っています。なかなかそれができないのは、「いつでもどこでも記録する」ということが習慣化していないためです。そのためには常に書き込める準備が必要です。私の場合は「付箋紙とペン」がそのアイテムでした。教室にも職員室にも筆入れにも複数準備しておきました。

●気軽に書き込む

授業時間、給食時間、休み時間等、いつでも子どもたちの記録を付箋紙に書けるように準備していました。「9／17　亮介、全校朝会で進んで保健委員会に質問」という程度の書き込みです。自分が読める文字で構いません。大事なのはメモの量を増やすことです。

●時には「キラキラカード」にして渡す

子どもたちのメモは教師の記録用ですが、せっかくの良さです。教育的効果に生かしたいものです。私は「キラキラカード」として子どもたちに時々配付していました。本人だけではなく家族も喜びます。

「いつでもどこでも」が習慣化のコツ

①付箋紙に書き込む

②キラキラカードにして渡す

★ここがポイント!★

記録した付箋紙はノートやファイル等にどんどんと貼っていきます。パソコンで清書する必要はありません。この場合にはアナログに徹する方がより多くの記録がとれます。蓄積されると一人ひとりの貴重な記録になります。特に通知表の所見記入の時に大いに役立ちます。

9 必要グッズは教室と職員室、2倍準備する

「あー、色鉛筆は教室だ!」と慌てて教室と職員室を往復したことはないだろうか。どちらにも準備しておけば問題がない。

●教室・職員室で常に使える状態にする

電卓・ステープラー・赤青ペン・色鉛筆・のり等、職員室でも教室でも必要なグッズはどちらにも準備しておきましょう。最初の投資はかかりますが、考えてみたら使う量は同じ。時間の節約ができることを考えたら最初から２倍購入した方が得です。

●指示棒は数多く準備する

グループ発表を同時に行う場合があります。ポスターセッションという方法です。この時、指示棒が多くあった方が便利です。これは練習の時にも同様です。市販のものではなく自作のもの（棒にカラービニルテープを巻く）で十分です。黒板消しも教室に４つあった方が、子どもたちが一気に書く活動をする場合には便利です。

●100円ショップはグッズの宝庫

ミニホワイトボードは個人やグループの考えを紹介する時に便利です。100円ショップでも手に入れられます。探してみると、多くのグッズが100円ショップにあります。

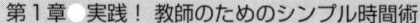

グッズを多めに備えて時間短縮

①ポスターセッションで指示棒を用意

②キャッチコピーを黒板に貼って検討資料に

★ここがポイント!★

これらは、グッズによる時間短縮術です。多くの物があれば教師も子どももロス時間が少なく済みます。さらに他の学級の教師から「ちょっとホワイトボード貸してね」というように、学級のグッズを貸す機会も増えます。他学級の子たちや先生の役にも立つのです。

10 口頭指導内容は出入り口に貼る

朝の職員打ち合わせによく出てくる「指導してください」の連絡。同じメモをするのなら大きく紙に書くのが効果的。

●短い言葉で大きくメモ

「花壇にボールが入って踏んでいく子がいます。各学級でご指導をお願いします」…こういう連絡が朝の職員打ち合わせでよく行われます。こういう時に私は、Ｂ４判の紙にキャッチコピー風にメモをします。たとえば、「花だんが泣いているよ…どうして？」というようにです。これが「提示教材」となります。

●朝の会で考えさせる

朝の会で何も言わずに先ほどの大判メモを提示します。「花壇が泣いているのはどんな時？」「どうしてそうなっちゃうのかな？」「どうすればいい？」と子どもたちと対話しながら、注意事項を「自分たちがとるべき適切な行動」に変換させていきます。

●出入り口に貼る

大判メモは出入り口に即掲示します。休み時間に遊びに行く時に子どもたちも目にします。もちろん休み時間終了後に守ることができたら取ります。大判メモで時間をかけずに何度も指導ができるのです。

指導内容は大判メモに書き掲示

①同じメモをするなら大判に

②教室の出入り口に即掲示

★ここがポイント！★

同じメモをするのなら、子どもたちに見えるように。しかも、提示する教材にすぐに変換させるのがポイントです。「キャッチコピーが閃かない」という時にはストレートに「花だんに注意！」でもいいのです。教師がメモして口頭で話すだけより、指導効果は大きいです。

11 短い時間でも子どもたちと触れ合える

いくら忙しくても子どもたちと触れ合う方法はある。「先生は忙しそうだから…」と思われないようにしよう。

●休み時間・給食時間に一声かける

休み時間に子どもたちと遊びたくても遊べない…そんな時でも一声はかけましょう。「算数の発表、わかりやすかったよ」「挨拶の声、立派だね」とさりげなく。１日に全員は無理でも「今日は１・２班は全員」と決めておきます。３日に１回は必ず声かけをしていることになります。給食を早めに食べて片付け時に一声かけるのも効果的です。

●仕事の手伝いを募集し雑談をする

忙しい時には子どもたちに「お手伝い募集」と声をかけます。物置からの荷物運びだったら、行き帰りが子どもたちとの雑談タイムとなります。

●様々な「メディア」を使って触れ合う

学級通信に子どもたちの名前を掲載して帰りの会に読んだり、ノートに長めのコメントを人数を決めて書いたりするのも、触れ合いの方法の１つです。子どもたちは「先生は自分のことを見ている」と感じます。

触れ合うタイミングを確保

①休み時間・給食時間は貴重な触れ合いタイム

②学級通信で子どもたちと触れ合う

★ここがポイント！★

授業時間に子どもたちと触れ合うのが基本ですが、それ以外の場での触れ合いは子どもたちにとって特別なものです。特に、短時間でできる腕相撲や指相撲はお勧めです。

12 掲示物は子どもたちに助けてもらう

時には子どもたちと掲示物作業に取り組んでみましょう。教師だけではなく子どもたちにとってもメリットがあります。

●掲示物作成の係を作る

学級の係活動で「キラキラ係」ができたことがありました。「教室をかざりつけたい」という子どもたちの願いから発足したものです。折紙や色画用紙等で掲示物を作成してもらい、掲示物作成が苦手な私にとっては大助かりでした。子どもたちも学級のために役立ったという充実感がありました。

●「新聞＋スピーチ原稿」がそのまま毎日更新の掲示物に

「日々掲示物を更新したい」という場合には、学級にそのシステムを作っておきます。「日直新聞スピーチ」もその一例です。「A４サイズの上半分が新聞の切り抜き、下半分がスピーチ原稿」の新聞に日直が取り組みます。スピーチが終わったらそのまま掲示物として貼り替えます。

●作業を手伝ってもらい、作業時間短縮

もちろん、掲示物作業の場合には、子どもたちに手伝ってもらいます。希望制でも日直でも誰でも構いません。時間短縮だけではなく、その子たちと触れ合う良い機会です。

子どもたちと作る教室環境

①様々な係のアイデアで掲示物を豊かに

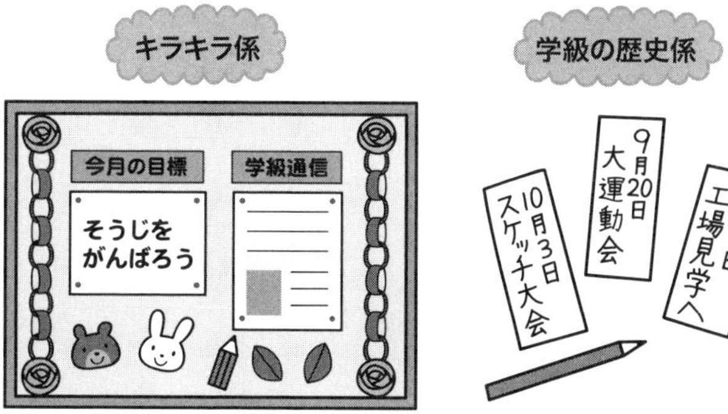

②「日直新聞スピーチ」コーナーで毎日更新

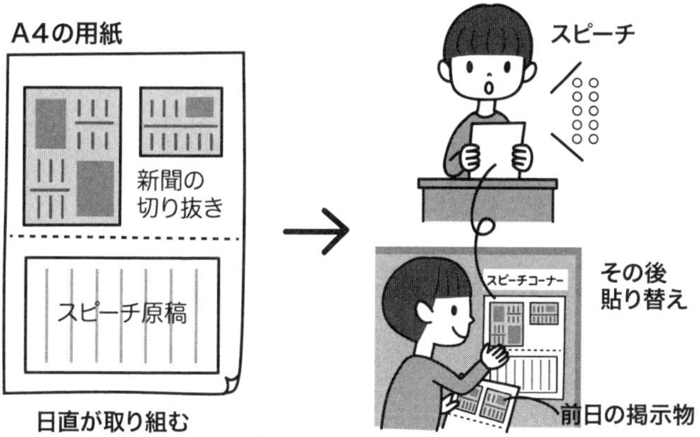

★ここがポイント!★

子どもたちに作業を手伝ってもらう良さは時間短縮、触れ合いの他にもあります。「正しい作業方法を教える」ということです。たとえば、画鋲の刺し方などは、教えなければ、多くの子は間違った方法で刺してしまいます。そのようなこともしっかりと教えるチャンスです。

13 教室巡回で他教室の実践を学ぶ

定期的に割り当てられている校舎の戸締り仕事。「他教室から学ぶチャンス」と考えたら回り方も変わってきます。

●教室巡回はあえてゆっくりと

日直や日番と呼ばれている戸締り当番。「時間がないのに…」と急いで点検していませんか。実はそれはもったいないことです。教室は同僚から学ぶ実践の宝庫。あえてゆっくりと教室巡回をしてみましょう。５分延ばすだけで違ってきます。

●掲示物・グッズ・全体に注目

まずは掲示物に注目しましょう。掲示されている学級通信を読んだり、子どもたちの作品を見たりしましょう。「こんな通信もいいなあ」と心に残るところがあったらそれで十分です。教師が持っているグッズや教室全体の環境も見ます。「３年１組は、いつも椅子がきちんと入れられているなあ…」と我が学級を振り返ることもできます。

●職員室で聞く

「先生の教室の学級旗、何に使うんですか」「『盛り上げ係』って何をするんですか」と思ったことをその教室の担任に聞いてみましょう。日常的な実践であるだけに、同僚も具体的に教えてくれるはずです。

同僚の実践から学ぶには

①あえてゆっくり回ってみよう

②同僚に聞いてみよう！

★ここがポイント！★

巡回の時に全教室をゆっくりと回る必要はありません。気になった教室だけでいいのです。定期的に回っているうちに、注目学級が絞られてきます。その担任に聞くことで、「じゃあ、学級通信を渡すね」「今度10分でも参観したら」という学ぶ機会も出てくるものです。

14 依頼事は即決・即実行が基本

レポート発表といった依頼事があった時には即決することが基本です。すぐに取り組み始めれば負担感も減ります。

●「判断基準」があれば即決できる

「来月の校内研究会で先生の学級の実践報告をしてくれませんか？」といった依頼をされることがあります。ほとんどの依頼事に対して私は即引き受けます。「自分や子どもにとってプラスの部分がある」という依頼事引き受けの判断基準に合っているからです。このような判断基準があれば、何かしらの依頼事で即決ができます。

●見通しをもち即実行し始める

即決したらすぐに見通しをもつようにします。「明日までにレポート内容を決めよう」「１週間後に実践」「レポート書きは実践した次の日から３日間、合計２時間で」。見通しをもつことができれば「大変だ…」といった不安も解消します。

●忙しい人ほど判断は早い

「忙しい人に仕事は頼め」とよく言われます。判断が早く、即実行できるからです。依頼した側も回答が早いほど助かるはずです。

テキパキ判断して依頼事も解決

①自分の判断基準があるから即決できる

引き受けます!
実践報告の依頼か。指導の仕方を見直して、クラスをよくするチャンスだわ!

②見通しをもつことからスタート

これでバッチリ
12
13
14
内容決め
19
20
21
実践!
レポート書き
26
27
28

★ここがポイント!★

「ぜひあなたに頼みたい」と依頼されるということは信頼されている証拠です。引き受けるのが基本です。ただ、事情があって難しい場合には早めにお断りしましょう。「今回できない理由」「次回は引き受けたい」という旨を伝えれば、依頼者も納得します。

15 自分の「時間術の方針」を決める

あなたは自分の時間術の方針をもっていますか。これがあればどの仕事をいつ行うか迷うことはありません。

●かかる時間別に3段階に仕事を分類

仕事にかかる時間を考えてみましょう。短時間でできるものもあれば逆のものもあります。まずはそれらを分類化してみます。

A　５分以内で終えるもの　　　例）電話連絡、学年打ち合わせ
B　15分×○回でできるもの　　例）教材研究、学級通信作り
C　ある程度時間がかかるもの　例）学習指導案作成、通知表

●種別に応じて行う時間を決めていく

・「午前中のすきま時間でAを終える」
・「給食後＋昼休みで毎日15分×１～２回を確保しBをする」
・「放課後の時間確保が可能な月曜・水曜日にCをする」

このような基本方針を決めておけば、時間活用の見通しもつきます。

●提出物の方針も決める

・「すぐにできるものはその場で提出」
・「その他のものは依頼されてから３日以内に提出（時間がかかるものは除く）」

早めの提出は、本人はもちろん依頼者も助かります。

方針が決まれば仕事も進む

①自分の方針に応じて時間別分類

児童集会
15分
1時間

児童集会の確認は午前中

作文へのコメント書きは給食後に

放課後は指導案に取り組む

②提出物の方針も決める

依頼されて3日後ー
はい、3年の学力検査の結果です
早めの提出助かるよ。傾向がすぐにわかるよ

★ここがポイント!★

ここに示したのは私自身の担任時の時間術の方針です。「限られた時間を最大限有効に活用」「事務仕事は早さ優先」の大原則を具体化したものです。それぞれの職務内容に応じた「自分なりの方針」をまずはつくってみましょう。

16 家庭での「ゴールデンタイム」を大切にする

どんな忙しい人でも「家庭でのゴールデンタイム」が必ずあるはず。特に朝は静かで誘惑も少なくお勧めです。

●１人で集中できる時間

自分だけの時間が確保できれば、これほど贅沢なことはありません。特に子育て真っ盛りの世代にとっては…。

私は我が子が誕生してから、朝型に切り替えました。５時ごろ起き、家族が起きる６時ごろまでがゴールデンタイムです。静かでテレビ等の誘惑も少なく、作業に集中できる時間です。

●朝は夜の何倍も作業が進む

朝型に慣れると夜の何倍も作業が進みます。まず体が疲れていません。「６時まで」と限定されていますからダラダラしません。学習指導案や通知表所見の作成といった重い仕事も捗りました。読書やコーヒーを飲みながらの思索活動にも向いています。

●たとえ30分でも…

「１時間などとても無理…」という場合には、30分でも確保することを心掛けてみましょう。30分早寝をして、30分早起きするだけです。抵抗感はありません。

朝を「ゴールデンタイム」にするメリット

①作業が何倍も進む

静か
時間が限定
誘惑が少ない

②スタートが良ければ１日爽快

提出文書
余裕をもって対応

★ここがポイント!★

朝にゴールデンタイムを過ごすことによるメリットは他にもあります。それはスッキリした気持ちで出勤できることです。ただ、無理は禁物です。早起きしても「どうしても眠い」という時には諦めて横になることが大切です。その日１日、調子が悪ければ意味がありません。

17 文書整理が苦手なら時系列で保存する

「あの文書どこだっけ?」と文書探しに時間がかかる人がいます。そんな人には月ごとの時系列保存をお勧めします。

●検索するためなら月ごと保存で良い

教員は毎年同じ時期に同じ仕事をします。そういう特性から考えれば、文書整理が苦手な人は「時系列」での文書整理をお勧めします。「４月のファイル」「５月のファイル」というように月毎に綴じていくのです。職員会議資料、生徒指導の連絡、学校からの通信、細切れ提案等、何でも順番に綴じます。探したい時には、該当月に見当をつければわりと早く見つかります。

●大きな行事はクリアーファイルに差し込む

ただし、運動会といった大きな行事で文書類も多いものは、特別にまとめておきます。私はクリアーファイルに差し込んでおき、そのまま月毎のファイルに入れています。

●データファイルも時系列で

データファイルは検索機能で見つけることができます。それでも「月ごと＋大項目」でフォルダを作成すると便利です。担当者が替わっても、いつごろ、どの文書を作成すれば良いかが簡単にわかります。

時系列保存の良さ

①保存するファイルが見つかりやすい

ファイルに入れるだけ！
分類したり探したり
する必要なし
運動会の文書は
まとめてクリアー
ファイルに
5月
○○年
運動会
資料
月ごとの保存

②データも同じようにフォルダ名をつける

5月のフォルダ
○○○○
○○○○
5月はこの3つの
文書を出せば
いいんだな…

★ここがポイント！★

時系列保存は「ラクな保存法」なので整理の苦手な人にお勧めです。「ラクだから、困ることもあるのでは…」と思われるかもしれませんが、意外とありません。結局、担任の仕事も、分掌の仕事も、月ごとにおおよそ決まっていて、それらは毎年変わらないことが多いからです。

18 資料や本を処分する勇気をもつ

指導案、会議資料、本や教育雑誌…たまればたまるほど捨てられないものです。でも捨てることで見えてくるものがあります。

●処分しないと大事な物も隠れてしまう

情報の保存・整理のために書類を家に持ち帰っても、本やファイルはたまる一方です。それらを定期的に「処分する」勇気をもちたいものです。物が増えると、探したい物が隠れてしまうのは当たり前のこと。「資料や本を探しやすくする」ためにも処分するのです。

●自分なりの「処分デー」と「処分基準」を決める

基本的に学校は１年サイクルで仕事が動いています。最低年に１回（特に3月）には処分期間をつくりたいものです。むろん、「毎月末日は処分デー」と決めておくのもいいですし、「配布された時点で処分」というのも構いません。また、自分の「処分基準」を決めておきましょう。「書斎スペースからはみ出した分の資料は処分」「５年間で一度も読み返さなかった本はリサイクルへ」というようにです。

●別の空間に存在する場合には処分しやすい

「校内に資料が学校用として保存されている」「教育雑誌がネット上でデジタル化している」という場合には安心して処分しましょう。

思い切って処分しよう

①資料・本が収納空間以上あることは自慢ではない

あの本、どこにあるのかなあ…

②「処分デー」「処分基準」が決まっていればOK

明日は市のリサイクルデー。よし、今回はこれらを処分しよう
○○○
○月号

★ここがポイント!★

大切に保存しておいても、資料や本が活用されなければ意味がありません。「処分して困るのでは…」と考えていればなかなか踏み切れないものですが、「思い切って処分して失敗」ということはほとんどありません。広い収納空間がない場合にはこちらが現実的です。

第2章

テキパキ！ 授業をつくるための時間術

1 1つの分野に強くなることが他の分野にも強くなる早道

まずは1つの分野に強くなりましょう。そこで得た力は他の分野でもどんどん応用するようにします。

●まずは1つの分野で「これなら○○先生に」

小学校の教師であれば、まずは1つの教科を「指導得意分野」にしましょう。自分が好きな教科でもいいですし、学校で研究している教科や分野（例：特別支援）でも構いません。「この分野なら得意」というものが1つあるだけで、それを指導の中心にできます。

●得意分野を学ぶ環境を強制的につくる

得意分野は「つくる」ものです。「その分野の本を毎月2冊読む」「教育雑誌を購入する」「年に3回、関係する分野の研究会に参加する」「発表の機会があったら立候補する」といった「学びの環境」をつくってみましょう。自分自身に強制的に課すのです。

●得意分野の方法を他分野でも応用する

得意分野での指導法は他分野でも応用ができます。たとえば、1つの教科でのノート指導方法が確立されたのなら、他教科でもその方法をベースにすることが可能です。子どもたちもスムーズに取り組めます。一から他分野を学び直すより、「応用」するほうが早道です。

得意分野は意識してつくる

①まずは１つの分野に時間を割く

○○研究会
教育
これならイケる！
自信

②得意分野を応用する

日本の首都は？
社会の時間
東京！
Q2
3×5=□
Q3
6÷2=□
算数
他の教科でできる
学習ゲームや導入
の工夫をしていこう

★ここがポイント！★

「500時間費やすとその分野の専門家になる」という話を聞いたことがあります。計算すると１日30分間の勉強を続けると３年間で達成できます。「それは無理」というのであれば、５年や10年でも構いません。大事なのは、１つの分野を学び続けるという強い意志です。

2 すきま時間にも教科書に目を通す

授業で一番活用する教材は間違いなく教科書。擦り切れるぐらい目を通す時間を確保しよう。

●一番の「教材研究」——教科書読み

教科書を繰り返し読むことが一番の教材研究です。たとえば算数なら、「この学習問題と前時の違いは何？」「ここは子どもがつまずきそう」「6問ある練習問題の難易度は…」というように、繰り返し読むことによって気づく点が出てきます。

●すきま時間に読む

「教科書をじっくりと読む」という時間はなかなかありません。しかも、何教科もだったらなおさら…という場合には、すきま時間を使いましょう。休み時間、給食を食べ終わっての数分、会議の待ち時間、通勤時間…。指導内容の概略の確認はできます。「本格的な教材研究」の準備となるのです。

●先まで目を通す

翌日や同じ週の内容だけではなく、どんどん先まで教科書は目を通しておきます。教材用のアンテナを広くもつためです。「この新聞記事、来月の国語の学習に使える！」という閃きが生まれるのです。

いつでもどこでも教科書読み

①教科書はいつでも読める

電車の中で…

②翌日以降のものに目を通しておけば…

★ここがポイント!★

教科書を常時持ち歩くためには、「自分用」を１冊購入します。学級備え付けの教科書と違って、気づいたことを遠慮なく書き込んだり、関連資料を貼ったりすることもできます。まずは自分の得意教科から始めてみましょう。

3 教材開発のヒントは24時間どこにでもある

「なかなかオリジナルの教材開発をする余裕がなくて…」という先生も、日常の中で見つけられるものがあるはずです。

●日常的に触れているメディアから

テレビ、新聞、地域のミニコミ誌、インターネット…日常的に接しているメディアは教材開発のヒントの宝庫です。「住みたい都道府県ランキング…沖縄1位に北海道2位。社会の学習の導入に使えそう」「テレビでやっていたこのゲームの方法。音楽のリズム遊びでできそう」…こんな感じでこまめに教材開発に取り入れていきましょう。

●地域やお店を回る

お店で「このグッズ、授業で使えそう…」というものに巡り合う場合があります。たとえば100円ショップで見つけた「○×カード」。「これは『質問のしかたと答え方』の学習に使えそう」と思ったら、まずは購入します。教室に置いているうちに活用方法は閃くものです。

●アンテナをもっていることが前提

「教材になりそう」と閃くためには、「この分野の教材開発をしよう」というアンテナをもっていることが大切です。頭の隅で意識しているだけでピンと来るものです。

日常生活の中でヒントを見つける

①様々なメディアにヒントがたくさん

この広告は環境教育
で使えそう。キャッチコピー
を導入で示そう
みんなの
地球
○○○○
マイ
バッグ

②買い物のついでに使えるグッズを見つけよう

これは質問ゲーム
に使える
100円
バラエティ
コーナー
子どもたちの
お楽しみ会でも
いいかも…

★ここがポイント!★

「ヒント」から「教材」にするためには、「先行実践」を調べてみます。こういう時には、インターネットが便利です。たとえば、「住みたい都道府県ランキング」を調べてみると、その理由から各都道府県の特色を考えさせることができます。

4 短時間でできる「即効ミニ教材開発」

「もう少し教材の工夫をしたいな」と思っていても、時間がない…。そんな時には短時間で部分的な工夫をするのが一番です。

●インターネットで単元名を検索しヒントを得る

インターネット上には多くの授業実践例が掲載されています。単元名や教材名で検索してみましょう。ただし検索には一工夫が必要です。たとえば、「ごんぎつね」の授業だったら、「ごんぎつね　授業」「ごんぎつね　発問」で探すと具体的な指導案や発問事例が見つかります。

●図書室の参考図書を探す

学校の図書室にある参考図書も、子どもたちにとって魅力ある教材になります。たとえば、「短歌」の学習だったら「子ども短歌」といった本から、実際の子どもの作品を参考として提示することができます。何よりも授業後に、子どもたちがその図書を自由に読むことができる点も魅力的です。

●検索した画像を提示する

インターネットの画像検索サイトでは授業で活用できる画像を見つけられます。地域教材の画像（例：学区の消防署）を提示すると「あっ、知っている！」という反応が出てきます。

インターネットや図書室をフル活用

①インターネットで簡単検索

この発問なら
討論ができそう
学区の消防署を
導入で見せよう

②図書室で参考図書を

短歌
明日の短歌の
授業、この本から
例を出してみよう

★ここがポイント!★

これらは短時間でできる「ミニ教材開発」で、あくまでも限られた時間しかない時の方法です。授業は毎日行われ、何らかの教材開発の工夫がより良い授業につながります。もちろん、本格的な教材研究・教材開発には一定の時間をかけることが必要です。

5 「教材の種」を一定期間保存する

意外なところに「教材の種」が蒔かれている場合があります。その種を一定期間保存し、選別してみましょう。

●「これ」と思った「教材の種」は切り抜いておく

本や教育雑誌、Web以外で授業に役立つ情報が時々あります。新聞、ポスター、写真等です。それらは必要部分を切り抜いたり、印刷したりして、整理箱（100円ショップで購入）に入れておきます。かつてはスキャナーでデジタル化をしていましたが、時間がかかるので止めました。切り取って箱に入れるのはすぐにできます。

●保存期間が選別期間

月に一度ぐらいそれらを見てみます。「これはやはり使えないなあ」と思ったら、すぐに捨てる。活用できそうなものは使えそうな単元や時期をメモして教材ファイル（透明シートのファイル）に再保存します。時間が情報を選別することになります。

●「教材の種」が育つと「オリジナル教材」に

「教材の種」は育てなければ、いつまでも種のままです。育てた時には「オリジナル教材」となるはずです。

「情報」が「教材」に育つまで

①「教材の種」を切り抜き選別

約1ヶ月後
盲目のピアニスト
辻井伸行さんの
お母様のコラム
教材化
できそう
メモ
切り取り
整理箱へ
ファイルへ
移動

②「種」を育てて教材化

道徳の教材
にしよう
考えてみよう！
新聞のいくつかの
エピソードを中心に
辻井さんの写真や
CDも準備する
考えさせる発問
も用意

★ここがポイント！★

私自身、切り取ったり写真に撮ったりするような種は月に数個程度です。選別後、オリジナル教材となるものは月に１本、多くて２～３本でした。それでも年間で合計すれば十数本の教材開発ができます。それも「教材の種」を発見し、選別することから始まるのです。

6 担当学年以外の教材も知っておく

自分の学年の教材研究だけではなく、他学年の教材も知ることによって、今だけでなく未来にも役立ちます。

●授業の幅を広げる

「担任している学年だけでも大変なのに…」と思うかもしれませんが、この場合はあくまでも「教材を知る」という程度です。教科書に目を通すのでもいいですし、本から学ぶのもいいです。前の学年の既習事項や次の学年の学習内容を知るだけで、授業の幅が広がります。

●まずは得意教科から

まずは取り組みやすい得意教科から始めてみましょう。他学年の教材を知ることはアンテナが広がること。そうすれば、入ってくる情報量も増えてきます。もちろん、その学年の担任になった時にはそれらの情報が役立ちます。

●研究会はチャンス

研究会は他学年の教材について知るまたとないチャンスです。他学年の研究授業をじっくりと見ることが、他の年に役立ちます。「そういえば、昨年山田先生がここの研究授業をしていた。話し合いの方法を自分も試してみよう」と気軽に実践できるのです。

未来にも役立つ情報をキャッチできる

①得意教科なら全学年の教材を知る

そうか、前の学年
ではここまで学習
をしていたんだ
次の学年は
どうなっているんだろう
算数
4年生
算数
2年生

②研究授業参観で他学年の教材研究

私も6年生の
担任になったら、
こんな授業をしよう

★ここがポイント！★

初任時代、校内では図工の研究をしていました。全学級の全研究授業を見ることができました。参観した授業が、次の年から自分が担任した学年でどれほど役立ったかわかりません。「○年生になったらこんな授業がしたい」…そんな授業を何本もストックしたいものです。

7 授業のための読書時間術

「教育書は高い」と言われているものの、著者の提供してくれる情報量を考えたら安いものです。インターネットの情報とは異なります。

●ピンと来たら即購入

「授業のための参考の本がほしい」と思い、書店に行きます。パラパラとめくって「これは良さそうだ」とピンと来たら、即購入しましょう。値段を見たり、じっくりと読んだりするとその決意も揺らいでしまいます。本は役立つところが１つでも２つでもあれば、それで十分です。これはネット検索で本を購入する場合も同じです。

●まずはスピードアップの斜め読み

あくまでも授業のために役立てる読書ですから、読むスピードは速い方がいいです。「ここは不要」と思ったら読み飛ばします。斜め読みで十分です。ポイントには折り目をつけたり、書き込んだりします。２度目に読む時にそこをじっくりと読めばいいのです。

●専門分野の教育雑誌はストックしておく

専門教科の教育雑誌は年間購読します。これも斜め読みです。大事なのはストックしておくことです。５年間購読を続けていると幅広い情報を得ることができます。

スピード勝負の読書時間術

①買ったその日が一番の読み時

②斜め読みだと役に立つ情報量も増える

★ここがポイント!★

「授業のための読書時間が限られている」という人も多いと思います。そういう時には「即購入」「斜め読み」で十分です。読書意欲も続きますし、何よりも時間がもったいないです。その点では「趣味の読書」とは違います。

8 授業開始時刻に始めて時刻通り終わる

教師自身が時間に厳しくならないと子どもたちも時間を守るようにはなりません。子どもたちはよく見ているものです。

●授業のチャイム通りに行動する

「学習内容が終わらないから」と数分授業を延ばすことはありませんか。これは教師の力量を反映しています。時刻通りに終わることができなかった自分を反省しましょう。まして授業開始時刻に遅れるのは論外です。

●何らかの事情で遅れた時でも時刻通り授業を終了

ただ、何らかの事情で授業開始時刻に遅れる場合もあります。たとえば、休み時間にトラブルがあって、その解決に時間が必要になった…というケースです。そういう時でも終了時刻を守るようにします。教師不在の場合でも授業開始のチャイムが鳴ったら「教科書を読む」といった活動をしているように習慣づけておきます。

●発問・指示・説明を短くする

教師がダラダラとした発問・指示・説明をして授業時間が長引くこともあります。短い発問・指示、端的な説明の授業はテンポもいいものです。

教師自ら時間を守る

①授業延長は子どもたちの休み時間を奪うこと

あと
3分だけ
エー、休み時間が
少なくなっちゃう…

②短い発問・指示・説明でテンポよく

え〜っと、はい、
ではノートに
書きますよ。時間は、
そうだね、3分ぐらい。
さあ、始めよう！
3分でノート
に書きます。
始め！

ポイントは「余分な言葉を削る」「1文を短く」

こんなに短くできる

★ここがポイント！★

時間通りに終わらないということは「他の人の時間を奪う」ということです。「3分で発表」と言われて5分使うと、他の発表が短くなったり、終了が遅れたりします。子ども相手の授業も同じです。教師が時間を大切にすると子どもも大切にするようになります。

9 ICT活用で授業の効率アップ

実物投影機、デジカメ、パソコンといったICT機器は「授業のお助けマン」です。教材準備時間の大幅短縮にもつながります。

●実物投影機で拡大投影

実物投影機はプロジェクタや大型テレビと組み合わせて拡大投影ができる機器です。教科書やノートはもちろん、粘土作品や理科実験器具といった立体物も写したい角度から提示することができます。さらに、一度映した画像の保存が可能なので、再活用ができます。

●知識定着にお勧め、「フラッシュ型教材」

フラッシュカードのデジタル版が「フラッシュ型教材」です。パソコンでテンポよく次々にスライドを示し、子どもたちが次々と答えていく活動ができます。教材は無料でダウンロードできます。
※eTeachers　http://eteachers.jp/　「フラッシュ型教材」で検索

●デジカメで

写真を写して提示するだけでも効果が大きいのです。さらにデジカメにある動画機能を使って一工夫ができます。たとえば、マット運動の動きを友だちに撮影してもらい、自分の動きを見ることができます。

ICT活用の実例紹介

①検流計の説明も拡大投影でわかる

②子どものノートを拡大投影し説明する

★ここがポイント!★

これらに共通する大きな特徴は、「授業準備に時間がかからない」という点です。実物投影機やデジカメはその場で映すだけですし、フラッシュ型教材のダウンロードも短時間でできます。準備が簡単で効果が大きいのがICT活用です。

10 録音した授業を通勤時に聞いて力量アップ

自分の授業を振り返ることはあっても、「聞く」ということは少ないものです。通勤時に聞いてみると自分の癖に気づきます。

●週1〜2回、通勤時に聞く

車での通勤時に音楽やラジオを聞いている人は多いと思います。その時に、「自分の授業」を聞いてみましょう。なかなか自分の授業を聞く機会はないものです。週に１〜２回で十分です。自分の授業のしかた、話し方の癖に気づきます。むろん電車通勤の方も聞けます。

●「気づき」を即生かす

録音はICレコーダーでします。教師の声をメインにするので、自分が説明や発問を多くする授業を録音します。「導入の５分」だけでもいいです。聞いてみると「指示が長いなあ」「『エーッと』と何度も言っている」といった自分の癖に気づきます。そうなればしめたものです。すぐに癖の修正を意識して授業に臨みましょう。

●発想メモ機としても使う

ICレコーダーは通勤時のメモ機としても使えます。実践上のヒントがパッと閃いた時に、すぐに吹き込みます。授業のヒント、子どもたちをほめること等、手軽に録音できる良さがあります。

ICレコーダーは力量アップに活用

指示が
長いな…

こんなICレコーダーの使い方も

社会のまちたんけんの導入で、通学路にある看板をクイズにしよう
この先の交差点
事故多発
きけん

★ここがポイント!★

今までの習慣を変えて新しいことを始めるには、少しずつ行うのが長続きするコツです。「毎週1回、月曜日の帰りは授業を聞こう」というように決めておくと習慣化します。もちろん、車の運転では安全が第一。くれぐれも危険なことがないように！

11 研究授業資料は袋ファイルに入れて保存

研究授業や力を入れた単元の資料は、まとめて袋ファイルに入れましょう。あとでもう一度探して見る時に便利です。

●「A4」の袋ファイルに丸ごと入れる

研究授業や力を入れた単元では多くの資料が残ります。提示した写真とそのデータファイル、学習指導案、子どものノートのコピー、ワークシート、授業記録、学級通信等です。このような、サイズも形も違うものを保存するには袋が最適です。A4の厚めの袋を準備します。その中に先の資料をただ入れるだけなのですぐにできます。

●こんな点で便利

・再び同じ単元を実践する時に、資料をそのまま活用できる
・レポートを作成する時に資料が散逸していない
・他の人に貸す時に簡単に渡せる

●インデックスをつけ時系列保存

袋の横にインデックスをつけます。【2013・6　4年算数】だけで十分です。単元名は袋に書いておきます。袋は年ごとに時系列に保存します。その袋が増えれば増えるほど、研究授業等を重ねたことになります。自分の励みにもなります。

資料として使えるように簡単保存

インデックスつきで時系列に棚に保存

★ここがポイント!★

「研究授業」は過去のもの…ではありません。再び同じ内容の授業をしたり、同じ教科での研究授業の参考になったりします。その時にすぐに探し出して使うことができる状態にしておくことが大切です。

12 学級通信に授業を再現し、一石二鳥に

「学級通信を出さなくては」「授業記録も残さなくては」…限りある時間でこの2つを同時にできる方法があります。

●板書と子どものノートをまずはデジカメで撮影

毎時間の授業記録はなかなか残せないものです。一番簡単な方法はデジカメで板書と子どものノート２～３人分を撮影することです。板書には課題・学習の流れ・まとめが書かれています。子どものノートには板書には書かれていないメモや感想等が書かれています。「６・８理科・電気・板書」というように写真に名付けて保存すれば一次保存は終わりです。すきま時間で作業はできます。

●発問メモをもとに再現し、学級通信に写真と共に掲載

一次保存でも「大まかな授業記録」とはなりますが、具体性には欠けます。そこで、部分的にでもいいので発問メモをもとに具体的に再現してみましょう。教師の発問と子どもたちの反応をそのまま記し、ちょっとコメントを加えるだけで、授業の描写が具体的になります。その文章を学級通信に掲載します。授業場面がわかる写真を添えると、さらに読みやすくなります。

ただし、あくまでも保護者向けですから、「記録性」よりは「読み物であること」を意識して文章化することが大切です。

授業を再現した学級通信

6年1組学級通信

6年1組物語

第65号　平成〇〇年8月24日

面白い！大名行列

２学期最初の社会科の学習は江戸時代です。大名行列の絵を見て話し合う学習です。教科書にある大名行列の絵をよく見てみると、いろいろな発見ができます。

まず、宿題に出していた「気づき」を発表させました。

・まわりにいる人のほとんどが土下座をしている。身分の差が強かったからかなあと思います。
・行列が長い。どれぐらいなのか。
・ほとんどの人は歩いているが、馬に乗っている人もいる。きっと位の高い人だろう。
・かごもある。これに乗っている人もいるのでは。
・いろいろなものを持ちながら歩いている。
・こんなに大人数でどこに泊まるのかなと思った・・・等

子どもたちの視点は鋭いです。発表は１０分間ぐらい続きましたが、友達の発表から「そうか」と新しい視点をノートに書き込む子がほとんどでした。私からさらに子どもたちが知らないネタを話しました。

・殿様はかごに乗っていた。トイレに行く時には、トイレ専用のかごがあり、そのかごが殿様のかご近づき、乗り移って用をたしていた。

★ここがポイント!★

授業記録を「学級通信」として保存するのは一石二鳥以上の効果があります。保護者から「授業の様子がよくわかる」と好評でした。また、同僚に配付することで「学級の実践記録の公開」となったり、レポート作成の貴重な資料にもなったりします。

第3章

ピンチをチャンスにする時間術

1 新しい環境で困った時こそチャンス！ 何でも聞こう！

転勤して困るのが新しい学校のやり方に慣れるまで時間がかかること。その時間短縮に一番良いのは「聞くこと」です。

●「聞くこと」が一番の早道

転勤して新しい環境になって一番困るのが、その学校のシステムがわからないことです。給食の後片付けはどのようにするのか、会計処理はどのようになっているのか、名前シールはどこにあるのか等々…。わからない時にはまず聞いてみましょう（もちろん関係文書がある時にはそれを読んだうえで）。システムを覚える一番の早道です。

●理由まで聞くと理解が深まる

「どうしてこういうシステムになっているの？」と赴任校で疑問に思うことがあります。そういう時には「会計処理が2段階になっているのはどうしてですか」と理由まで聞いてみましょう。その経緯がきっとあるはずです。理由がわかれば理解も深まります。同じことを聞かないために必要な時にはメモも忘れずに。

●感謝の気持ちを表す

聞くことは「相手の時間をお借りする」ことです。しっかりと感謝の気持ちを表しましょう。いつか別の形でお返しをすることがあってもいいでしょう。

転勤者はどんどん聞くのが早道

①困った時には聞く。「ありがとう」を忘れずに

文書を読んでも
わからないな…
よし、聞こう！
やっぱり
聞くのが一番！
ありがとうございます！
それはね…

②理由も聞いてみよう

そういう理由が
あったんですね。
確かにそれなら
わかります
…といった
訳でね

理由を聞けば、そのシステムにも納得できることが多い

★ここがポイント!★

転任者には周囲も「来たばっかりだから、確かにわからないよね」と質問に対しても親切に答えてくれます。それに甘えていいのです。その方が時間短縮にもつながります。翌年、新たに転任者が入ってきたら、今後は自分の番です。どんどん質問に答えてあげましょう。

2 トラブル対処はスピード勝負

「くつ隠し」「いじめの訴え」「保護者からのクレーム」…そんなトラブルの対処の原則はスピード対応です。

●最初の時点ですべきことをスピード行動

まずトラブルが起きたら「即すべきこと」を考えます。たとえば、休み時間に担任している子が「くつがありません」と訴えました。即行動です。「どういう状況だったか本人に聞く」「一緒に探す」「学級全体に聞く」…困っている子の身になったら即行動が大原則です。

●早めの一報と次の対応

すぐに解決すればいいのですが、なかなか簡単にはいかないもの。先のくつ隠しも見つからないのであれば、学年の先生や生徒指導担当にまずは報告です。「早めに一報を入れる」ということは、こういう時に重要です。そして次の対応を考えます。もちろん、くつが見つかっても見つからなくても保護者には必ず連絡します。

●トラブルをチャンスに転化させ「強いメッセージ」を

このようなトラブルは道徳性を考えさせるチャンスになります。「このようないたずらは許されない」という強いメッセージを学級全体の前で訴えます。それがその後のいたずらへの抑止力にもなります。

トラブルへはスピーディな対応と報告を

①トラブルには即対応

私のくつが…
どういう状況か
まず聞こう
一緒に探して、
学級全体にも
聞こう

②早めの報告がプラスに

?
○○さんの
くつが…

誠実対応が信頼を生む

★ここがポイント!★

トラブル時には、保護者への連絡もスピード対応が不可欠です。連絡がなかったばかりに保護者が不信感を抱き、もっと大きなトラブルになるケースもあります。早めの連絡、そして事後にもこまめに連絡することで信頼を得られます。

3 事務仕事で信用を落とさない

事務仕事をルーズにしてはいけません。いったん信用を落とすと保護者や同僚からの信用回復までは時間がかかります。

●「締切期限より早く出す」を当たり前に

集金、アンケート回収等、事務仕事は実に多いものです。この仕事で大切なのは「締切期限よりも早く出す」ことです。「期限ぎりぎりでもOK」と考えてはいけません。担当者は「あの人は間に合ってもぎりぎり。いつも心配」と見ています。信用度も低くなります。ふだんから早めに提出する人は、それだけで信用度が高いものです。

●学級でのシステムを作る

事務仕事を子どもたちにも「協力」してもらうことは大切です。集金だったら朝のうちに提出させます。お金がなくなってしまったら大変です。その解決のために費やす時間は大きいです。「明日締切の提出物を出していない子は必ず連絡帳に書く」「帰りの会で配布した文書枚数を必ず確かめる」等をシステム化しておきます。

●ぎりぎりになりそうなら一報を

事情により締切ぎりぎりになりそうだったら、担当者に一報を入れておきます。こまめな連絡はピンチの時でも信用を高めます。

期限を厳守することが信用を高める

①どちらに思われたい？

いつも早いね。
助かるわ
アンケート
いつもギリギリね。
安心できないわ！

②子どもにも協力してもらう

うっかりして、アンケートを忘れていた…
連絡帳にしっかりと書こう！

★ここがポイント！★

自分はルーズではなくても、子どもが締切にルーズで困るという教師もいると思います。「なぜ締切に間に合わせる必要があるのか」といった意義を子どもたちにも話しましょう。また、「保護者に上手に催促する術」を身に付けることも、事務仕事をするうえで大切です。

4 スランプ時は軽い事務仕事を助走がわりに

「研究授業の学習指導案を作成しないと」…それなのにやる気が今ひとつ。そういう時には軽い仕事からスタートしましょう。

●「重い仕事」に取り掛かる前に

時間のかかる「重い仕事」をするためには、エネルギーが必要です。しかし、気ばかり焦ってなかなか取り組めない…そんな時があるものです。そういう時には、まずは軽い片付け仕事に取り組んでみましょう。書類やデータの整理、不要物の処理…これらはすぐにできます。

●「お気に入りウェブサイト」を見て刺激を受ける

インターネット上の教育関係情報も豊富になりました。関係サイトを探して資料集めをしたり、新たな情報を得たりすることは適度な助走となります。また、興味がある教育実践者の実践サイトや仕事日記を読むと刺激を受けます。「頑張らないと」という気持ちになります。

●同時進行している別の仕事に鞍替え

助走をつけてスランプを脱出して仕事に取り組んでも、途中で行き詰ることがあります。そのような時には同時進行している別の仕事を間に挟みます。時間を決めて行えば気分転換になり、リズムも戻ります。

スランプからの脱却法

①「助走」がわりの仕事をしよう

書類整理
をしよう
スッキリ!
不要

前進したことが目に見えるとやる気も出てくる

②つまずいたら別の仕事を

指導書、行き詰まったから
子どもたちの作文を
30分だけ読もう
指導案

時間を限定するから集中しリズムも生まれる

★ここがポイント!★

ここで示したのは「すべきことがあるがスランプ」という場合の方法です。落ち込んだり、自信を失ったりしてスランプになる場合もあります。そういう時には、自分の過去の歩みの蓄積（実践ノートや執筆物等）を見ます。「未来に向かって歩こう」と改めて思うものです。

5 「時間を買うこと」も時には良い

多くの優れた経営者は「時間第一」で行動しています。毎日は無理でも時には同じように行動してみましょう。

●教具・道具を揃えることは「時間を買うこと」

実物投影機やプロジェクタといったICT機器を、私は個人で持っています。学校の物を使うとなると、設置に時間がかかるだけではなく返却時間も必要だからです。教室備え付けにしておいて、どれだけ時間短縮になったか、わかりません。必要な教具・道具にお金を投資することは「時間を買うこと」につながるのです。

●家での仕事時間も買うことができる

「今日中に家で学習指導案を仕上げなければいけない」という場合、家庭での時間は貴重です。そういう時には「徒歩の移動をタクシーに変える」「晩ご飯は準備も片付けも不要なものをスーパーから」というようにすれば、時間的な余裕も出てきます。

●「しないこと」を決める

「時間がない時」には、「しないこと」も決めておきましょう。たとえば「今日の放課後は職員室での雑談はしないで教室で仕事」「家で毎週見ている番組も録画してあとで見る」というようにします。

時間も買うことができる

①教具・道具を揃えて準備の時間短縮

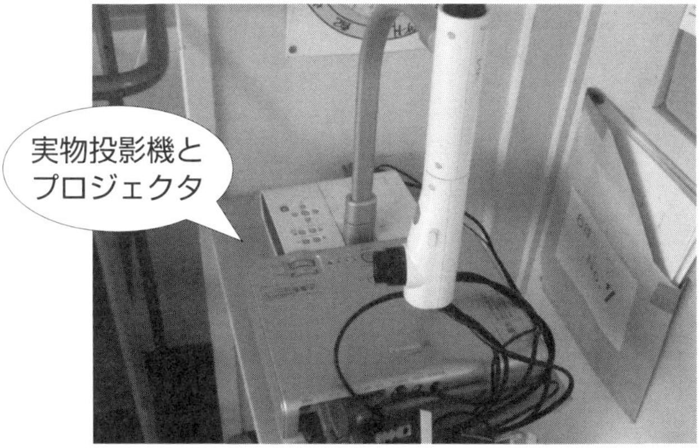
実物投影機と
プロジェクタ

②時間がない時には「時間を買う」

○○タクシー
いつもより
20分短縮。
しかも快適

★ここがポイント!★

時間がない時は「しないこと」を増やすチャンスです。「ネットサーフィンは1日15分だけ。あとはしない」「テレビドラマは録画で見た方がCMをとばせるので早いから、その日は見ない」といった工夫が生まれます。「自分の時間を奪うもの」を今一度見つめ直しましょう。

6 保護者の注文への対応はスピーディに!

保護者から「注文」をされる場合があります。「今は忙しい」と後回しにすると、さらに大きな仕事になる場合があります。

●対応が遅くなったばかりに…

保護者から「我が子が友達にからかわれているようだ」という連絡。あいにくその日は出張日。「あとで連絡します」と連絡帳に書いたものの出張業務で連絡できず、翌日に対応しようと思ったが、保護者は不信感をもち、管理職に直接訴えていた…。対応がワンテンポ遅かったばかりにもっと大きな対応をしなくなければならなかった例です。

●まずは一次対応を

教師にどんな事情があれ、保護者は対応を待っています。時間が限られていても「一次対応」はしましょう。先の例だったら、「本人から話を数分聞く」「出張後に電話で家の人の訴えを聞く」ことはできます。そうすれば、事実確認や今後の指導等は翌日回しでも大丈夫です。

●明らかな非は素早く謝る

保護者の注文は、実際と違う部分があっても「感じたこと」は事実です。そう思われたこと自体は受け入れます。そして、明らかな非に対しては誠実にまずは謝ることです。「しかしですね」は禁句です。

保護者の問い合わせには迅速に対応

①対応が遅いと…

朝、○○さんの
お母さんから
電話があったよ。
連絡がないって怒って
いたよ。どういうこと？
しまった！

②一次対応はできる

申し訳ありません。
本日出張ですので
お電話で失礼します。
どういうお話なのでしょうか…
お聞かせ願えませんか…
ホッ
実は
息子が…

★ここがポイント！★

保護者からすれば、担任に注文するのは勇気がいることです。限られた時間でも優先的に対応することが、大きな仕事にさせないポイントです。ただ、早く解決したいからといって「安易に謝る」必要はありません。それは逆に不誠実な態度といえます。

7 「いざという時の備え」を日ごろからしておこう

不測の事態は突然訪れるものです。その時に、素早く判断したり、対応したりするためにはふだんの準備がかんじんです。

●「日ごろの備え」をどれだけしているか

「子どもが突然嘔吐した」「休み時間、けんかしてケガをした」「学校に行きたくないと言っている」…予想もしない事態は突然やってきます。でも、逆に「いつか起きるかも」と準備をしておけば大丈夫です。たとえば、子どもの嘔吐であれば、嘔吐物対応グッズを教室に常備し、対処方法をグッズと共にメモしておきます。

●子どもにも「その時」を意識させておく

「いざという時」には子どもたちも頼りになります。「『これは大変。自分たちでは解決できない』という時には、先生にすぐに教えてね」と告げておきます。子どもたちなりに考えた行動をするものです。

●自分が「いざなった時」の準備もしておく

自分が体調を崩したり、家族の都合で突然休みをとらなければいけなくなったりすることがあります。その時に「算数は棚にある復習プリントを」というように、即お願いできるよう余裕がある時に準備をしておきます。これも「日ごろの備え」です。

「その時」の備えは予測した時に

①グッズを準備しておく

子どもがいつ嘔吐しても大丈夫
ゴム手袋
ぞうきん
新聞紙
トイレットペーパー
対応メモ

②対処方法を準備しておく

先生、裕太くんと慎二くんが取っ組みあいのけんかをしています
わかった！
まずは２人を落ち着かせる
↓
わけを聞く
↓
学級の子たちにはとりあえず漢字練習の指示…

★ここがポイント！★

自分が経験しないとなかなか不測の事態の準備はしないものです。でも大事なのは、何も起きていない時にこそ準備をすることです。他学級やニュース、本等で事例が出てきたら、意識してそのための準備をしましょう。「物」だけではなく「心構え」の準備も大切です。

8 自分の時間を進んで同僚のために使おう

転勤した学校では、なかなか同僚との距離が縮まないものです。まずは、自分の時間を同僚のために使ってみましょう。

●さりげなくお手伝いをする

親切にすることで、相手の人との距離はぐんと縮みます。転勤したばかりでも遠慮は要りません。どんどんと同僚のお手伝いをしましょう。最初は「さりげなく」するのがいいです。「教室巡回で担任が掲示物を貼っていたので手伝った」「プリンターのトラブルを一緒に解決した」「廊下を歩いていて荷物運びを手伝った」…こんな感じで十分です。

●「声かけ」するだけでも違う

さりげない手伝いの機会はそれほど多くはないのですが、声かけは意図的にすることができます。

・朝会での話、おもしろかったです。早口言葉、真似してみます。
・Rくんへの指導、お疲れ様です。朝はRくんが大声で挨拶しました。

ほんの10秒ほどでコミュニケーションがとれます。

●自分の得意技を時々話す

自己紹介や雑談で「力仕事は任せて」「ネット検索、すぐします」と伝えておきます。手伝いの依頼が来やすくなります。

同僚を手伝う・声かけする

①気軽に手伝い

合唱コンクール
〇〇〇
高い所で
助かったわ
〇のお知らせ

気軽にコミュニケーションができる

②時には得意分野で

研究会の後で

こんな本が
ありましたよ
教育の
〇〇〇

自分の時間が学校全体の役に立つ

★ここがポイント！★

学校は１つのチームです。同僚の手伝いや声かけをすることで、コミュニケーションができチーム力も高まります。転勤した人にとって、学校に馴染むことは大事なことです。何よりも「人のために役立っている」という充実感で仕事ができる職場なら、働きがいもあります。

9 身近な同僚を追いかけよう

同僚の研究授業は一番身近な研修です。どんな学校にも尊敬できる先輩、一緒に学べる同輩がいます。勤務時間中にたくさん学べます。

●研究授業で視点をもって学ぶ

同僚の研究授業は堂々と授業について学べる場です。教室の前から先生と子どもたちの両方を参観しましょう。事前に「今日の参観の視点はこの5つ」と決めることで、学びが深まります。

●行事や合同授業の指導を学ぶ

学習発表会、運動会といった行事での指導、合同音楽や合同体育の授業、朝会や集会での指導等、同僚の指導場面は様々あります。これも良き学びの機会です。特にどんな発問・指示で子どもたちの動きが変わるか注目します。行事の打ち上げの会では、指導に成功した学級の先生に準備段階からの話を積極的に聞いてみましょう。

●日常の指導や振る舞いを学ぶ

尊敬する同僚に注目していると、日常の指導や振る舞いも見えてきます。会議でのスマートな発言、問題行動への真摯な対応、子どもや同僚への温かい接し方、個性ある学級通信…自分に生かせるものをどんどん学んでいきましょう。

同僚から学べる贅沢

①研究授業で視点をもって学ぶ

今日の視点は5つ！
・どんな発問
・ノート指導の方法
・発言の取り上げ方
・まとめの工夫
・個への対応

② 日常の指導や振る舞いから学ぶ

ステキな考え！
○○○はどうでしょうか？

★ここがポイント！★

教師は教え好きです。遠慮しないで、同僚に「算数で参考にしたらいい本を教えてください」「テンポの良い音楽の授業のコツは何ですか」とどんどん聞いてみましょう。「その先生の時間を奪う」ことは確かですが、その分、自分の学びを子どもたちに還元すれば良いのです。

10 子育て繁忙期は仕事術を伸ばすチャンス

時間がない子育て繁忙期。そんな毎日が実は「強み」になります。「限られた時間で仕事する方法」を身に付けるチャンスです。

●「自分流仕事術」の原則を決めざるを得ない

「時間がない」ということは、自分の今までの仕事ぶりを変えざるを得ません。「限られた時間での仕事術の原則」です。私は子育て繁忙期で「即時処理」「即断・即決」「できる時には先まで仕事をする」という原則にしました。その原則は子育て繁忙期が過ぎても大いに役立ちました。

●自分の子育ての経験を保護者に話せる

保護者に家庭での子育てを相談された時に、自分の経験を話せます。一般的な教育論ではなく、経験に基づいた話ですから説得力があります。我が子に読み聞かせをした本を教室で読むこともできます。

●時には「ゆとり」の時間を楽しむ

なかなか自分に時間のゆとりがないのもこの時期。そのような時には学校で認められている「ゆとり」の時間を子どもたちと一緒に楽しみましょう。朝読書の時間に好きな作家の本を読む、鑑賞教室を楽しむ、休み時間に運動する…。リフレッシュになります。

子育て繁忙期を強みにする

①自分流の仕事術

授業参観は？
音楽を！
やれる時に
やっちゃおう…
所見
下書き

即時処理　　即断・即決　　先まで仕事

②自分の子育ての経験を話せる

うちの子、
のんびり屋
なのですが…
うちの子も
そうでしたよ

★ここがポイント！★

この時期は時間に対する割り切りが大切です。「迎えの時間になったらサッと帰る」「時には人を頼る」といったことです。子育て繁忙期は可能な限り家庭のために時間を使うべきです。我が子との時間は二度と帰ってきません。仕事への恩返しはあとからでもできるのです。

11 次に生かせば「失敗」ではない

誰にも失敗はあります。大事なのは、それをそのまま失敗として終わらせないことです。次に生かせば良き「経験」となります。

●失敗後はカバーできることをすぐに行う

仕事上の失敗はつきものです。大事なのは、その失敗をカバーする行動をすぐにとることです。新卒時に集金袋の配付を忘れて子どもたちを帰したことがありました。あわてました。翌日から出張だったので、在学する兄姉に頼んだり、夕方から家庭訪問をしたりして全員分届けました。「わざわざ…」と逆に感謝された家もありました。

●失敗を振り返る時間をもつ

学校に戻ってから、なぜ配付し忘れたのか考えました。自分の注意不足だったのですが、そもそも大事な配付物なのに帰りの会の最後に渡していました。児童会活動が次に控えて急いでいたことも配付忘れの原因です。方法を変えなければ同じことが起きると考えました。

●失敗を生かし、新たな方法で実践する

翌月からは集金袋は朝の会で早々と配付することにしました。他学級の配付物のシステムも参考にして、自分の学級に取り入れるようにしました。１つの失敗から学んだことは大きかったのです。

「失敗」を良き「経験」にする

①失敗を振り返る時間をもつ

同じ失敗を繰り返さない
ようにしないと…
どうすればいいのかな？
忘れないでね！
集金袋

②新たな方法で実践する

大事なものは
朝のうちに配布
集金袋配ります
おはようございます

失敗が生かされて「経験」になる

★ここがポイント！★

小さな例をあげましたが、失敗への対応の基本は同じです。そして、結果的に自分の実践がより良いものになっていくのであれば、それは「失敗」と呼ばず「経験」となります。たくさんの「経験」を積めば積むほど実践も豊かになるのです。

第4章

時間術で
より良い教師生活を
送るために

1 朝の出発前に教師としての身だしなみをチェック

「どうせ動き回るのだから…」とラフな格好で出勤していませんか。
「ジャージ出勤」では気持ちも緩みます。

●子どもたちも見ている教師の服装

服装について、「Tシャツやジャージの方が子どもたちと親しくできる」という考えがあるかもしれませんが、それは体育や休み時間のこと。教室の授業では清潔感のある服装を心掛けたいものです。何よりも子どもたちが教師の服装をよく見ています。出勤前に家の姿見で、子どもたちの前に立つ服装をチェックしたいものです。

●靴も大事

校内では靴も重要です。「楽だから」ということで、サンダルを履いていたら、非常時に駆けつけることができません。非常時ではなくても「パタパタ」と歩く音が気になることもあります。

●教室に向かう前に鏡で笑顔に

しっかりと服装チェックをしても、暗い表情や不機嫌なまま教室に入って行ったら、さわやかな雰囲気にはほど遠くなってしまいます。廊下の鏡で一度ニコッと笑顔を作ってみましょう。その笑顔のまま教室に入っていくのです。

子どもたちが身だしなみを見ている

①子どもは何も言わないけど…

先生はいつもジャージ
だけど、オシャレ
しないのかな…
クス
クス
もさ…

②さわやかな雰囲気で教室へ

先生ステキ…！
おはよう
おはよう
ございます

その場にあった服装が大事！

★ここがポイント！★

「学問を教えに行くのだから、教師はそれにふさわしい威儀を整えて教場に向かうべき」と尊敬する先生の本に書かれていました。いい加減な服装だった私は自分の不明を恥じ、ネクタイをするようになりました。20代後半のころです。

2 名刺活用でスムーズな挨拶を

「あまり使われないから」と名刺を持たない教師は多いです。しかし、作成すれば使う機会は自ずと出てくるものです。

●教師も名刺を持とう

名刺があれば便利な時がいくつもあります。社会科見学先への挨拶、研究会で初対面の方との挨拶…。相手に自分の所属、名前、連絡先を一気に知らせることができるカードです。「使う機会が少ないから持たない」というのは結果的に時間面でのロスが大きいのです。

●裏に話題となるプロフィールを

せっかく作る名刺ですから一工夫をしましょう。私は名刺の裏に、経歴や自分が興味のある教育分野、著書名を記しています。「秋田出身なのですか？」と話題にされることがあります。お気に入りの写真を小さく入れたり、自分のモットーを書き入れたりしてもいいでしょう。

●交換した名刺を活用する

研究会で多くの先生方と名刺交換をします。お別れしたあとが、その名刺を活用するタイミングです。名刺ケースに入れる前にその人の印象をメモしたり、記載されているアドレスにメールをしたりします。活用されてこそ名刺は意味があります。

名刺は挨拶の効果を倍増する

①名刺があれば話しやすい

秋田出身なのですね。
親戚がいますよ
3回○○○研究会
1.
2.
3.
湯沢市
です
ほー、それは
どちらに?

②ここから話題が広がる

名刺の裏

■プロフィール

1962年, 秋田県生まれ。
1985年から岩手県公立小学校に勤務。
「地域と日本のよさを伝える授業」をメインテーマに, 社会科を中心に教材開発・授業づくりに取り組んでいる。情報教育も研究中。

■主な著書

「スペシャリスト直伝!社会科授業成功の極意」(明治図書)
「価値ある出会いが教師を変える」(ひまわり社)
「プロ教師直伝!「教師力」パワーアップ講座」(明治図書)
「子どもの思いを大切にする『つぶやきノート』」(学事出版)
「『力をつける授業』成功の原則」(ひまわり社)

★ここがポイント!★

私は名刺に連絡先だけではなく、 ブログ名とURLも記しています。名刺交換後にアクセスしてくださる方もいます。名刺が「プロフィールカード」にもなっています。今は、自力はもちろん、インターネットでも名刺が簡単に制作できます。作って損はありません。

3 「次の人が困らない」仕事のしかたをする

学校はチーム。「自分の次の人」のことも考えた仕事のしかたをすることが、学校全体の仕事の効率化につながります。

●いつ提案すれば良いかわかるように時期を明記する

　自分の分掌から職員会議等で全体に提案することがあります。いつごろに何の提案をすれば良いか、文書やファイルを引き継ぎます。「6月職員会議で祖父母との交流学級の提案」というように、転勤したばかりの人でもわかるようにしておきます。

●反省を生かしてファイルや文書を修正しておく

　行事や活動後に「来年度はこの係の人数を増やしてほしい」という反省が出る場合があります。それが次年度に反映されるように、反省会後すぐにファイルを修正しておきます。資料を元のファイルのまま引き継ぐと「昨年の反省で確か…」と会議で指摘されます。そのような無駄な話し合いを防ぐためです。

●物品の保管場所は画像でファイル化する

　情報機器担当というように物品を引き継ぐ場合もあります。その場合にはその物と保管場所を画像に残してファイル化します。探し物は一番時間がかかるもの。全員がわかるようにしておきます。

「次の人」のことも考えて仕事する

①時期を明記する

リスト作成
職員会議
4月…○○の提案
5月…□×の提案
6月…○×の提案
提案時期
内容
これなら新しい
担当者でも大丈夫

②画像と一緒に引き継ぐと物品もわかりやすい

情報機器保管一覧　　NO. 1

名　称	画　像	保管場所	名　称	画　像	保管場所
デジタルカメラ1		職員室事務棚	デジタルカメラ2		職員室情報棚
デジタルカメラ3		パソコンルーム棚1	デジタルカメラ4		パソコンルーム棚1
CD-R	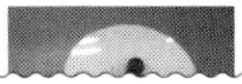	職員室事務棚	MD		職員室事務棚

★ここがポイント!★

「自分が転勤になり、新しく転勤した人が次の担当になっても、わかるように準備する」ことが引き継ぎのポイントです。手間のかかることですが、学校というチームのためには不可欠です。

4 研究会・会議は貴重! 参加のコツ

「長いなあ」「この提案は知っている。時間のムダ」…そんな考えで研究会や会議に参加しているのならもったいない話です。

●会議では具体案まで考える

会議で提案がされます。それを「聞くだけ」というのなら、時として「長いなあ」と感じるかもしれません。「細案を考える」時間に転化させましょう。たとえば、「読書強化月間。各学年で工夫を。内容は一任」というのなら、自分の学年の取り組み内容と分担・スケジュール等をメモするのです。「あとで考える」より効率的です。

●研究会では「必ず発言する」と決める

授業研究会では「必ず発言する」と決めましょう。しかも前半1回、後半1回と2回はしましょう。人前での発言ですから、自分の実力も見識も見られてしまいます。でも、こう決めると授業の参観も必死になります。研究会中も必死に他の人の発言を聞くようになります。

●どんな会議・研究会も「学ぶ場」に

論議がずれてしまう会議だったら「自分が司会だったらこうする」、話がわかりにくい助言者だったら「自分ならこのように助言する」と考える時間になります。いわば反面教師として考える対象になります。

研究会・会議でたくさん考える

①会議で考えた具体案を会議直後に

さっきの会議で出た
課題ですが…
へえー。
おもしろそう！
会議室

会議直後なので話も早い

②「必ず発言する」と決めているから考える

メモを見返す
どう話すか
考える
何を話すか
考える
発言
するぞ！

★ここがポイント！★

会議・研究で積極的に発言するということは、貴重な「話し方修業」の場になります。どのような話し方が伝わるのか研究しましょう。「質問を1つ、意見を2つ述べます」と私は最初によく言います。発言すると他の人も自分に注目します。無駄にさせてはいけません。

5 研究会事務局の仕事を引き受け「時間術」を磨く

「厄介なもの」と思われる事務局仕事。引き受けたのなら「時間術」「仕事術」を磨くチャンスです。

●「段取り力」をつけるチャンス

事務局ならではの仕事があります。研究会案内作成、会計仕事、広報紙作成、電話での交渉、研究会企画・運営…等々。

初めて取り組むこともあるでしょう。それらは自分にとっての良き経験。「段取り力」が身に付きます。

また、自分が事務局をすることで、「まとめ役」の大変さを知ることができます。私が一番悩んだのが締切を守らない会員。逆に連絡が早い人の有難さも実感します。それ以来、「提出物は早く」が自分のモットーとなりました。

●人脈から情報を得る

事務局仕事での大きなメリットが「人脈」を得るということです。

仕事関連で会員にお願いや連絡をしたり、研究会講師等と話をしたりする機会が多くなります。担任だけの仕事では、なかなか多くの人と会うことはできません。

人から情報を得ることは「仕事の時間短縮」を促します。特に人材情報はやはり人から得るのが早いです。

事務局仕事で身に付ける時間術

①段取り力アップ

6月
7月
来月20日は研究会
だから、この日に
案内を出して…
仕事が増えるけど、
その分、スピードアップ！
先に
こちらを
次は
これ

②学校の仕事にも生かされる

伝統工芸で
地元で活躍
されている方
ご存知ですか
今度の社会
の授業で…
陶芸だったら
○○さん、○□さん
□△さんかな？
よかったら
紹介しますよー
研究会員

★ここがポイント！★

会議でなかなか事務局が決まらない時には、「みなさんが良ければ私が引き受けます」と立候補してみましょう。感謝されること間違いなしです。時間は費やしますがメリットは十分にあります。やがて慣れると、新たな企画も実行できます。事務局仕事の醍醐味です。

6 授業の悩みはミニ研究会を開いて解消

「授業のことを相談したい」…そういう時には「ミニ研究会」を企画しましょう。同じ時間で大きな効果が得られます。

●5分の授業公開、10分のミニ研究会

たとえば「音楽の導入をどうしたら良いか」という悩みがあるとします。実際に音楽の指導の上手な先生に5分でいいから導入を見てもらいましょう。そのあとすぐ10分程度でアドバイスをいただきます（これがミニ研究会となります）。15分間、実践的な学びができます。

●空き時間に短時間の授業参観

自分に空き時間があるのなら、それらを事務整理のみに使うのはもったいない話です。校内で参観したい先生方の授業を見せてもらいましょう。10分で構いません。自分にとって生かせる点はしっかりとメモをします。自分だけのミニ研究会です。

●放課後に模擬授業をする

「放課後しか時間がとれない」というのであれば、模擬授業をしてその場で意見をもらうのも１つの方法です。数人の同僚相手に5分程度の模擬授業を受けてもらう、立派なミニ研究会です。

時間のかかる相談事はミニ研究会にして学ぶ

①15分で学べる

少しずつ
高くー
10分でもいろいろ
と学べる…

②自分だけのミニ研究会を計画しちゃう

ミニ研究会
計画表
5月…山田先生に音楽の
導入を参観してもらう
6月…空き時間に山田先生
の音楽を10分参観
7月…若手メンバーへ放課後
模擬授業
計画表

★ここがポイント!★

授業研究の場合、同じ15分を使うのであれば相談よりも実際に授業参観や研究会を行った方が効果的です。先輩方も後輩に自分が学んできたことを教えたがっているはずです。もちろん、貴重な時間を使っていただけることに感謝の気持ちを忘れないようにしましょう。

7 休み時間には他学級の子どももほめよう

休み時間には他学級の子どもたちの行動も自然と目に入ってきます。良さはどんどんほめて波及させましょう。

●他学級の担任がほめる効果

担任ではない先生からほめられる効果は大きいものです。特に「優希さん、挨拶が立派だね」と名前を付けて笑顔で言うと、子どもたちの印象にも残ります。名前がわからなくても大丈夫です。「何年生の何さん？」と聞いて、改めて名前を呼んでほめればいいのです。

●担任にもその子の良さを伝える

その子をほめるので十分なのですが、特別の場合には担任の先生にすぐに知らせましょう。「高橋先生、先生の組の太一くんと良樹くん、転んで足をすりむいて泣いていた1年生を、やさしく保健室に連れていきましたよ」と教えるのです。不在ならメモでも構いません。担任の教師もその子たちの行為を認めることでしょう。

●自分の学級に反映させる

他学級の子どもたちの良さは自分の学級にも生かせます。ほめた例をエピソードとして語ると「前に自分も同じことをしたよ」という子が出てきます。今後は自分の学級の子をほめるチャンスとなるのです。

他学級の子をほめることで良さが広がる

①休み時間にほめたことを担任に伝える

4ーA
美砂さんと可奈さんが
校庭のごみを
拾っていましたよ
教えてくれて
ありがとう。
私もほめます

②自分の学級でも話して、良さを広げる

さっきの休み時間、
すばらしい4年生を
見つけました…
ごみ
ヘー!
ぼくもやったこと
があるよ

★ここがポイント!★

教師は、授業中は「学級の担任」でも休み時間は「全校の担任」です。他学級の児童を認めることの積み重ねが、学校全体の児童を高めることにつながります。その行為は他学級の担任にも好意的に受け止められるはずです。休み時間の大切な心構えです。

8 「あこがれの先生」のワザを真似てみよう

真似ることは恥ずかしいことではありません。むしろすばらしい先生のワザを真似ることで成長します。

●「あこがれの先生」に「出会う」

より良い教師を目指すのなら、「あこがれの先生」をもつことが大切です。それほど難しいことではありません。同僚にでも、近隣の学校にでも、研究会や本の中にも多くの先生がいます。その中で、「いいな…ああいう先生になりたい」と思った時が、「あこがれの先生」をもった時です。大事なのはその「出会い」に気づくことです。

●徹底的に真似しよう

あこがれの先生の真似をどんどんしましょう。発問や指示の言葉はそっくりそのまま真似ることができます。実際に授業を参観できるのであれば、話し方や表情も真似できるでしょう。効果があったら「なぜ効果があったか」考えます。優れた指導原理が見えてきます。

●「ジョブシャドウイング」してみる

「ジョブシャドウイング」とは学生が働く従業員に密着し、その仕事について観察することです。実際にあこがれの先生の講座に出たり、教室で半日参観したりしてみましょう。実現は不可能ではありません。

ワザを真似るから見えてくる

①本の内容や同僚の実践ならすぐに真似できる

よし、
実践しよう
なるほど！
たのしく
計算
数を聞く発問
は盛り上がる
○○○○

②半日参観をお願いする

バッチリ！
わずか半日でも
大きな学びがある！

★ここがポイント！★

若いころ、空き時間にあこがれの先生の学級を時々見て、苦手な音楽を徹底的に真似ました。中堅では、ピンポイントで出張を申し出て著名な先生の学級に入り、参観しました。今も、尊敬する先生方に同行して、その振る舞いを真似ています。

9 「ちょっとだけ背伸び」が成長のもと

自分の成長のために、違った視点から学ぶ時間を設けましょう。今までとは違った世界が開けるはずです。

●実践書だけではなく理論書も読む

どうしても教育書は実践書に偏ってしまうという場合には、研究者が書いた理論書にも挑戦してみましょう。実践書と違い、簡単には読めず時間がかかります。何度も読まなければいけない部分も出てきます。それは自分の頭で考えている貴重な時間です。1日数ページずつ、長期間で読むようにすると理論書も読み終われます。

●一般講演会でエネルギーをいただく

著名な方の講演会は全国各地で開かれています。土日や平日夜等、働いている人も参加しやすい日程が多いものです。すばらしい講演会では、元気をもらったり、生き方を考えたりします。そのエネルギーは学級の子たちにも分けることができます。

●本物の文化に接する

絵画鑑賞やコンサート、観劇等、本物の文化に接するのも貴重な背伸びの時間です。個人で楽しむだけでも十分に価値があるのですが、図工・音楽・演劇指導に役立つ部分も見つかるはずです。

「ちょっとだけ背伸び」の贅沢な時間を

①理論書を１日数ページずつ読む

どういう意味
だろう…
もう一回
読んでみよう…
本に書いていた
ことはこのことだ
！

②講演会、芸術からエネルギーを

先週の講演会
元気をもらった
もらったエネルギー
を子どもたちの
ために使おう！
メラメラ

★ここがポイント！★

これらは「贅沢な時間」です。どんどん贅沢な時間をつくって背伸びをしましょう。その背伸びは自分のためだけではなく、最終的には子どもたちに還元されるのですから。

10 先達へ手紙やメールを書く時間をとろう

講演を聞き感動。著書を読み納得。すばらしいと思う「その人」は決して遠い存在ではありません。

●手紙やメールで感動を伝える

講演を聞いたり、本を読んだりして感動をする場合があります。「この思いを伝えたい…」。そんな時には思い切って手紙やメールを出してみましょう。できるだけ早いうちがいいです。メールならば、その日のうちに出せばホットな感動が届きます。講演者や著者にとって、反応があるのは嬉しいもの。返信はなくても一生懸命に読んでいます。

●実は自分の「まとめ」になる

自分の思いを伝えることは、実は自分のためになります。どんなことを学んだか、そのまとめとなるのです。いざ書いてみると、なかなか学びを具体的には書けないもの。それが「自分の学び」を考える時間になり、まとめとなるのです。それだけでも貴重な時間です。

●「返信」は大きな励みになる

著名人は忙しいはずです。返信がなくて当然です。もし、返信が来たら、それは僥倖そのものです。講演資料や本とともに保存しておきましょう。再度読む機会に、感動が蘇ります。

感動したら手紙やメールで伝える

①手紙やメールでお礼を書く

感動！
メールで礼状が出しやすくなった
今月の新刊を拝読いたしました…
○○○

②自分の「まとめ」としての効果がある

○○○講演会
う～ん…
「一番学んだことは、子どもたちにどのように接するかということです…」

★ここがポイント！★

私の書斎の壁面には二十数年前にいただいた恩師の手紙が貼ってあります。お礼状に対して丁寧に毛筆でご返信いただいた物です。自分に対する励ましのメッセージも記されています。「若きころの初心を忘れぬように」という思いで貼っているこの手紙は今も自分の宝物です。

11 「今」の大切さを自覚しよう

「あの時取り組んでおけばよかった」とならないように、「今」の大切さを自覚しましょう。これは何歳になっても同じです。

●努力を続けなければ「今の腕」は落ちていく

今ある教師力。努力を続けなければ、その力は伸びないどころか落ちてしまいます。「現状維持」は基本的な努力を行ってこそのこと。実力を身に付けるためにはさらに「プラス・アルファの努力」が必要です。

●今興味をもっていること、必要なことに取り組む

では、今、何に取り組むべきでしょうか。一番は個々人が興味をもっていることです。「子どもたちの考えを引き出す算数の授業を追究したい」でも「学級の係活動の工夫」でも構いません。「特別支援が必要な子がいるから、その対応法」といった差し迫ったものでもいいのです。「今」必要なことに時間を注ぎましょう。

●マイナーチェンジを重ねればいつかフルモデルチェンジに

時間が限られている場合でも、努力を継続して少しずつ自分を変えていきましょう。一部分を変える「マイナーチェンジ」で大丈夫です。そのマイナーチェンジをいくつも重ねていけば、努力を始めた時の自分とは「フルモデルチェンジ」していることになるのです。

少しずつでも「今」の努力を重ねることが大事

①今興味をもっていることに取り組む

よし、『特別支援が必要な
子の対処法』をまずは
がんばってみよう！

②マイナーチェンジを重ねる＝フルモデルチェンジ

1学期
2学期
3学期
ノート指導
板書
ICT活用
フルモデルチェンジへ

★ここがポイント！★

自分自身、20代、30代、40代で興味をもった分野が違っていました。ただ、それぞれの「今」で少しずつ努力を続けようと考えました。50代の現在、過去に学んだことがかみ合い、「今の自分」を成しています。それぞれの「今」が将来につながっているのです。

●著者紹介

佐藤正寿（さとう　まさとし）

1962年秋田県生まれ。

1985年から岩手県公立小学校に勤務。

現在は、岩手県奥州市立広瀬小学校副校長。

「地域と日本のよさを伝える授業」をメインテーマに、社会科を中心に管理職になっても教材開発・授業づくりに取り組んでいる。

ブログ　http://satomasa5.cocolog-nifty.com/

Email: msts5sato@nifty.com

主な著書

『スペシャリスト直伝！社会科授業成功の極意』（明治図書）

『プロ教師直伝！「教師力」パワーアップ講座―0からプロになる秘訣23箇条』（明治図書）他

仕事がスイスイ片づく！

教師のためのシンプル時間術

2013年 2月18日　初版印刷

2013年 2月25日　初版発行

著　者――――佐藤正寿《さとうまさとし》

発行者――――佐久間重嘉

発行所――――学陽書房

〒102-0072　東京都千代田区飯田橋1-9-3

営業部――――TEL 03-3261-1111／FAX 03-5211-3300

編集部――――TEL 03-3261-1112

振替口座　00170-4-84240

ブックデザイン／佐藤 博　イラスト／あきんこ

印刷／文唱堂印刷　製本／東京美術紙工

ISBN978-4-313-65233-0 C0037